ORLANDO NILHA

ILUSTRAÇÕES
EDUARDO VETILLO

MACHADO
Machado de Assis

1ª edição – Campinas, 2022

"O medo é um preconceito dos nervos. E um preconceito desfaz-se; basta a simples reflexão."
(Machado de Assis)

Naquele tempo, o Rio de Janeiro era a capital do Império do Brasil. O país tinha se tornado independente de Portugal havia 16 anos e ainda vivia um de seus períodos mais dolorosos: a Escravidão. Cerca de metade da população da cidade era formada por pessoas negras escravizadas.

Num lugar chamado Morro do Livramento, viviam Francisco José de Assis e Maria Leopoldina Machado. Os parentes mais velhos de Francisco tinham sido escravizados, mas ele era um homem livre e ganhava a vida como pintor de paredes. Maria Leopoldina havia nascido em Portugal e viera para o Brasil bem jovenzinha. Ela fazia costuras e bordados.

Os dois se casaram e, em 1839, tiveram o primeiro filho: Joaquim Maria Machado de Assis, que se tornaria um dos maiores escritores da literatura mundial.

Dois anos depois, nasceu a filha mais nova, chamada Maria. Apesar da pobreza, a paz reinava no lar da família. Francisco era um pai tranquilo e respeitado, e Maria Leopoldina era uma mãe doce e carinhosa.

A maior diversão do menino Machado era andar livre pelos quintais do Morro do Livramento. Ele perseguia borboletas, caçava lagartixas e saltava riachos. Também colhia flores perfumadas que levava para a mãe e a irmãzinha.

Naquele tempo, saber ler e escrever era coisa de gente rica, mas os pais de Machado, apesar de pobres, eram alfabetizados. Pode ter sido com eles que o futuro gênio da literatura aprendeu suas primeiras letras.

Machado conheceu muito cedo a dor da saudade. Quando ele tinha 6 anos, perdeu a irmãzinha. Aos 10 anos, perdeu a mãe, que ele tanto amava. Tempos depois, o pai se casou com Maria Inês, que acolheu o menino em seu coração tratando-o como se fosse um filho.

Na escola, Machado logo demonstrou amor pelos estudos. Aprendia com facilidade tudo o que lhe ensinavam. Ele queria descobrir o mundo novo que os livros revelavam. Era o encontro de sua mente curiosa com o universo infinito da imaginação e da poesia.

Mas a sua relação com a escola teve alguns tropeços, pois o pai queria que o filho trabalhasse no comércio. Assim, arrumou para ele um emprego como balconista numa papelaria. Sem habilidade para o negócio, o menino durou apenas três dias no serviço.

Quando Machado tinha 13 anos, a família se mudou para o bairro de São Cristóvão. Maria Inês fazia doces saborosos e começou a trabalhar para um colégio de garotas ricas. Ela preparava os quitutes, e o menino os vendia na hora do recreio.

Algumas alunas tratavam Machado com indiferença, como se ele fosse invisível. Para elas, era apenas um garoto negro do morro. Machado acreditava que a única maneira de conseguir ser respeitado era estudando. Às vezes, dava um jeito de ficar pelos corredores do colégio, sem se misturar com as alunas, e escutava as aulas escondido.

Conta-se que havia no bairro uma padaria em que o padeiro era francês. Certo dia, enquanto esperava o pão, Machado lhe contou que desejava aprender a língua francesa. O padeiro ficou animado e se tornou o seu professor. Em pouco tempo, o jovem aprendeu a ler e escrever em francês com uma facilidade de espantar.

Machado estava sempre com um livro nas mãos. Ele costumava usar a barca que ia de São Cristóvão até o centro da cidade. Durante o trajeto, mergulhava na leitura, sem prestar atenção em mais nada, pois a literatura era a sua chave para perceber a imensidão do mundo.

Machado ia quase todas as manhãs ao centro da cidade, onde fazia pequenos serviços na igreja da Lampadosa, como tocar o sino e ajudar na missa. Depois, passeava sem pressa observando o movimento das ruas.

Havia por ali uma livraria que era também um ponto de encontro de artistas. Machado passava horas apreciando os livros nas vitrines e admirando de longe a reunião de grandes escritores.

Certo dia, venceu a timidez e entrou na livraria. Tornou-se amigo do dono e passou a participar dos encontros. Em pouco tempo, o jovem apaixonado pelos livros já se sentia à vontade ao lado dos autores que admirava.

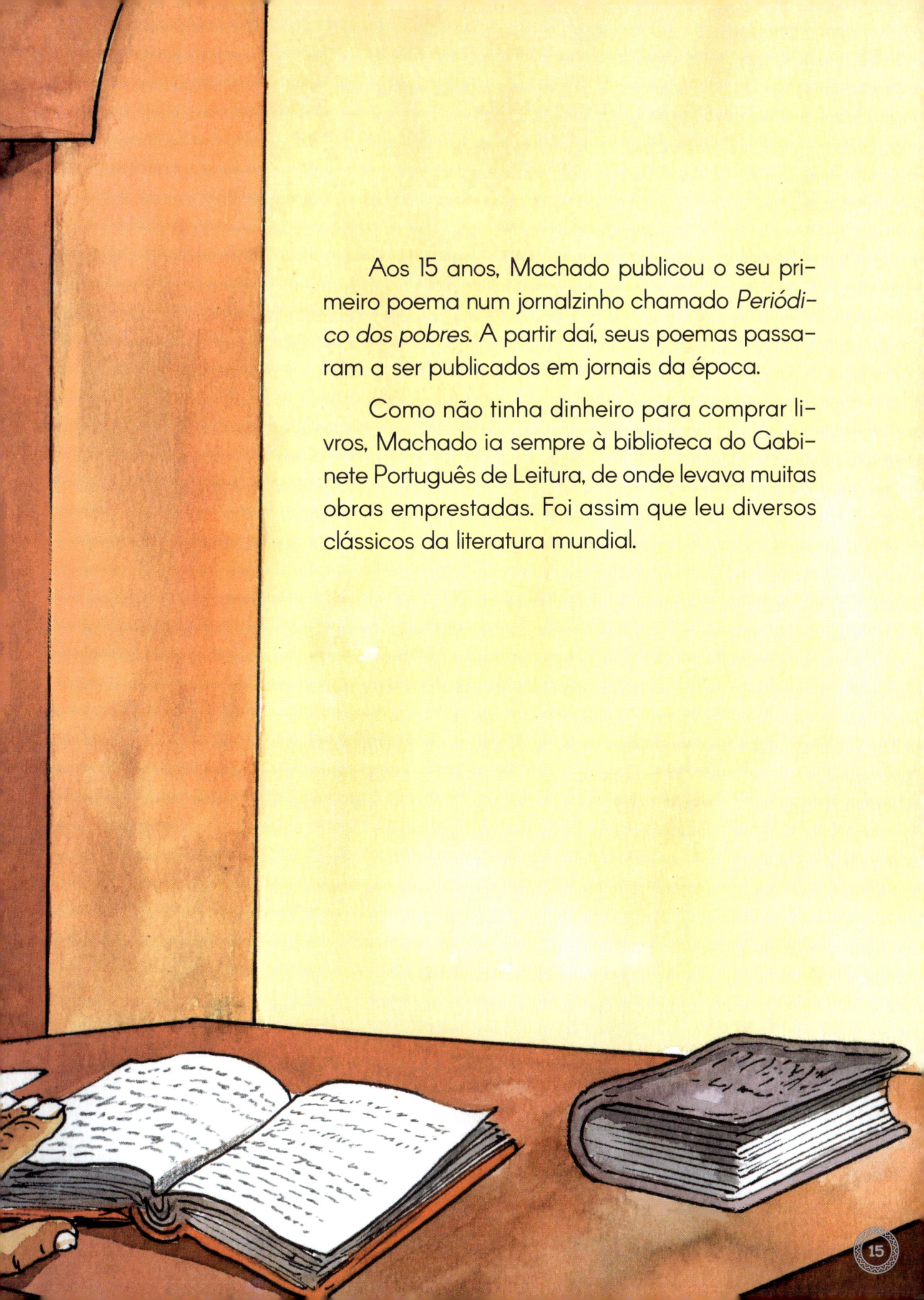

Aos 15 anos, Machado publicou o seu primeiro poema num jornalzinho chamado *Periódico dos pobres*. A partir daí, seus poemas passaram a ser publicados em jornais da época.

Como não tinha dinheiro para comprar livros, Machado ia sempre à biblioteca do Gabinete Português de Leitura, de onde levava muitas obras emprestadas. Foi assim que leu diversos clássicos da literatura mundial.

Em 1856, Machado conseguiu emprego na Imprensa Nacional. Ele continuou publicando poesias e textos, principalmente no jornal *Marmota Fluminense*. Em 1858, publicou o seu primeiro conto: "Três tesouros perdidos". Era a sua estreia no gênero literário em que se tornaria um verdadeiro mestre.

A partir daí, trabalharia em diversos jornais escrevendo sobre assuntos variados, como literatura, teatro e política. Nesse período, mudou-se do bairro de São Cristóvão para o centro da cidade. O jovem escritor gostava de se divertir com os amigos e de frequentar peças teatrais e espetáculos de ópera.

Em 1864, morreu Francisco José, e Machado mandou celebrar uma missa em homenagem ao pai. No mesmo ano, publicou *Crisálidas*, o seu primeiro livro de poesias, que dedicou ao pai e à querida mãe, que havia perdido na infância.

Em 1868, Machado conheceu Carolina de Novaes, uma portuguesa que tinha chegado ao Brasil poucos meses antes. Os dois se encantaram um pelo outro e começaram a namorar. O namoro não foi fácil, pois alguns familiares de Carolina não queriam que ela ficasse com um homem negro.

A paixão enfrentou o racismo e os dois se casaram em 1869. O casal foi morar na Rua dos Andradas, onde levavam uma vida simples, com pouco dinheiro, mas com muito amor.

Em 1870, Machado publicou *Contos Fluminenses*, o seu primeiro livro de contos. No mesmo ano, publicou *Falenas*, com diversas poesias dedicadas a Carolina.

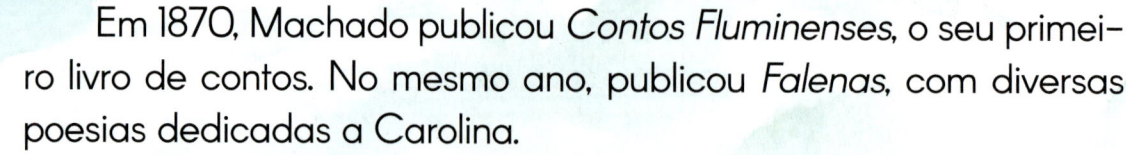

Algum tempo depois, quando viajava para Petrópolis com Carolina, Machado se sentiu mal na barca, debatendo-se até desmaiar. Foi a primeira grande crise de epilepsia, a doença que o atormentaria até o fim da vida. As crises se tornariam cada vez mais frequentes, e Carolina se mostraria a sua grande e fiel companheira.

Em 1872, Machado publicou *Ressurreição*, o seu primeiro romance. No ano seguinte, passou a trabalhar no Ministério da Agricultura, Comércio e Obras Públicas. Nesse período, o casal se mudou para a Rua da Lapa. Machado costumava acordar bem cedinho e escrever antes de ir para o trabalho. Assim, seguiu publicando poesias, crônicas, contos e romances.

Ao cair da noite, depois do trabalho, Machado se reunia com os amigos escritores para conversar sobre livros e literatura. Com o tempo, ele conseguiu um bom cargo no Ministério, e o casal buscou viver em casas melhores. Moraram na Rua das Laranjeiras e na Rua do Catete.

O ano de 1881 foi marcante na trajetória de Machado. Ele publicou o livro *Memórias Póstumas de Brás Cubas*, uma verdadeira obra-prima. A arte de Machado se tornava mais profunda, e ele se consagrava como um verdadeiro mestre.

Em 1884, o casal se mudou para uma bela casa com jardim na Rua do Cosme Velho. Ali, o escritor viveria anos tranquilos escrevendo suas obras e lendo os livros que amava. A única coisa que lhe roubava a paz eram as crises de epilepsia.

Por essa época, Machado passou a publicar em jornais textos a favor do fim da Escravidão. O escritor conhecia e se relacionava muito bem com abolicionistas convictos, como José do Patrocínio e Joaquim Nabuco. Em 1888, quando foi decretada a Abolição da Escravidão, Machado chegou a sair às ruas para comemorar com a multidão.

Em 1891, ele publicou *Quincas Borba*. Nesse tempo, Machado já era considerado o maior escritor brasileiro vivo. Mas o ano terminou marcado por um triste acontecimento: a morte de Maria Inês, sua madrasta.

Em 1897, Machado participou da criação da Academia Brasileira de Letras e foi eleito o seu primeiro presidente. Três anos depois, chegou às livrarias o livro *Dom Casmurro*, mais uma obra-prima do escritor, que atingia o ponto mais alto de sua carreira literária.

Em 1904, publicou *Esaú e Jacó*, livro que também foi muito elogiado nos jornais. No mesmo ano, porém, Machado enfrentou a maior dor de sua vida: a morte de Carolina. A perda da companheira abalou profundamente o escritor. Em carta ao amigo Joaquim Nabuco, Machado escreveu: "Foi-se a melhor parte de minha vida, e aqui estou só no mundo".

Em 1908, Machado publicou o seu último livro, *Memorial de Aires*. O escritor estava doente e enfraquecido. Passava os dias lendo; e as noites, jogando paciência. O seu estado de saúde piorava a cada dia, e os amigos esperavam o acontecimento inevitável.

Na madrugada de 29 de setembro de 1908, rodeado de amigos fiéis na casa da Rua do Cosme Velho, morreu Machado de Assis. Como era o desejo do escritor, ele foi enterrado ao lado da eterna companheira Carolina, no cemitério São João Batista.

Nascido no Morro do Livramento, homem negro durante o período da Escravidão, epilético, pobre a maior parte da vida, Joaquim Maria Machado de Assis se tornou o maior escritor brasileiro e um dos maiores da literatura mundial.

Querido leitor,

A editora MOSTARDA é a concretização de um sonho. Fazemos parte da segunda geração de uma família dedicada aos livros. A escolha do nome da editora tem origem no que a semente da mostarda representa: é a menor semente da cadeia dos grãos, mas se transforma na maior de todas as hortaliças. Nossa meta é fazer da editora uma grande e importante difusora do livro, transformando a leitura em um instrumento de mudança na vida das pessoas, desconstruindo barreiras e preconceitos. Entre os principais temas abordados nas obras estão: inclusão, diversidade, acessibilidade, educação e empatia. Acreditamos que o conhecimento é capaz de abrir as portas do pensamento rumo a uma sociedade mais justa. Assim, nossos valores estão ligados à ética, ao respeito e à honestidade com todos que estão envolvidos na produção dos livros e com os nossos leitores. Vamos juntos regar essa semente?

Pedro Mezette
CEO Founder
Editora Mostarda

EDITORA MOSTARDA
www.editoramostarda.com.br
Instagram: @editoramostarda

Orlando Nilha, 2022

Direção:	Pedro Mezette
Coordenação:	Andressa Maltese
Produção:	A&A Studio de Criação
Revisão:	Beatriz Novaes
	Elisandra Pereira
	Marcelo Montoza
	Mateus Bertole
	Nilce Bechara
Diagramação:	Ione Santana
Ilustração:	Aline Terranova
	Anderson Santana
	Bárbara Ziviani
	Eduardo Vetillo
	Felipe Bueno
	Henrique HEO
	Henrique Pereira
	Jefferson Costa
	Kako Rodrigues
	Leonardo Malavazzi

Dados Internacionais de Catalogação na Publicação (CIP)
(Câmara Brasileira do Livro, SP, Brasil)

Nilha, Orlando
 Machado : Machado de Assis / Orlando Nilha. --
1. ed. -- Campinas, SP : Editora Mostarda, 2022.

 ISBN 978-65-88183-79-3

 1. Assis, Machado de, 1839-1908 2. Escritores brasileiros - Biografia - Literatura infantojuvenil I. Título.

22-115258 CDD-028.5

Índices para catálogo sistemático:

1. Biografia : Literatura infantil   028.5
2. Biografia : Literatura infantojuvenil   028.5

Eliete Marques da Silva - Bibliotecária - CRB-8/9380

Nota: Os profissionais que trabalharam neste livro pesquisaram e compararam diversas fontes numa tentativa de retratar os fatos como eles aconteceram na vida real. Ainda assim, trata-se de uma versão adaptada para o público infantojuvenil que se atém aos eventos e personagens principais.